Für ....

Zur Erinnerung an deine Erstkommunion

am ....

Von ....

MEINE ERSTKOMMUNION

Gestaltet von Irmi Riedl

HERDER

FREIBURG · BASEL · WIEN

Das bin ich

Ich heiße .... und wohne in ....

Am .... habe ich Geburtstag. Heute bin ich .... Jahre alt.

Ich bin .... cm groß und habe .... Augen und .... Haare.

Das kann
ich richtig gut:

Das finden meine Freunde und
Freundinnen und meine Familie
toll an mir:

Das kann ich überhaupt nicht leiden:

Hier ist Platz
für ein Foto.

**Danke, dass ich so wunderbar gemacht bin!
Ein Wunder sind alle deine Werke.**
Nach Psalm 139,14

Lieblingsdinge

Mein Lieblingstier:

Mein Lieblingsfilm:

Meine Lieblingsfarbe:

Meine Leibspeise:

Meine Lieblingsserie:

Mein Lieblingsbuch:

Mein Lieblingsstar:

Mein Lieblingslied:

Meine liebste
Freizeitbeschäftigung:

Meine Lieblingsband:

Meine
Mag-ich-Liste
zum Ankreuzen und Ergänzen:

- ☐ Am Handy spielen
- ☐ Tiere streicheln
- ☐ Urlaub am Meer
- ☐ Draußen sein
- ☐ Comics
- ☐ Basteln
- ☐ Brett- & Kartenspiele
- ☐ Musik machen
- ☐ Singen
- ☐ Sticker & Sammelkarten
- ☐ Zocken
- ☐ Camping

- ☐ Tanzen
- ☐ Malen
- ☐ Einrad fahren
- ☐ Freundinnen und Freunde treffen
- ☐ Achterbahn fahren
- ☐ Schokolade
- ☐ Bücher lesen
- ☐ ....
- ☐ ....
- ☐ ....
- ☐ ....
- ☐ ....

Das sind meine
Wünsche und Ziele für mein Leben

Hier ist Platz zum Schreiben, Kritzeln, Einkleben ...

Gott, der fantasievolle Erfinder des Lebens,
der dich und die Welt geschaffen hat,
genau wie alle Wege bis in den hintersten Winkel des Universums –
er begleite dich auf Schritt und Tritt.

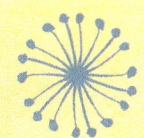

Gott, die geduldige Mutter aller Geschöpfe,
für die du immer ihr geliebtes Kind bleibst,
ganz gleich, wohin du dich wendest und wie alt du wirst –
sie lege achtsam und wärmend ihre schützenden Arme um dich.

Gott, das Wasser der Klarheit und Lebendigkeit,
das im ewigen Kreislauf die Schöpfung durchfließt,
dich nährt und deinen Durst stillen will –
es trage dein Lebensschiff sicher über alle sieben Weltmeere.

So reise fröhlich durch dieses Leben,
wunderbar geschaffen,
geachtet und geliebt
und getragen von Gottes unergründlicher Weisheit und Güte!

Frank Hartmann

Meine Familie

Ich

Hier ist Platz für Fotos von
allen Familienmitgliedern.

So heißen meine Eltern und Großeltern:

....

....

....

....

Außerdem gehören zu meiner Familie noch:

....

....

....

....

....

DU BIST EIN ORIGINAL -
UNVERWECHSELBAR UND EINMALIG!
NIEMAND SIEHT SO AUS WIE DU! DEIN GESICHT IST
UNVERKENNBAR. GEHE IN DER GEWISSHEIT, DASS DU
EINMALIG UND UNENDLICH WERTVOLL BIST. DU BIST EIN
ORIGINAL - UNVERWECHSELBAR UND EINMALIG! NIEMAND
DENKT SO WIE DU! MANCHE DENKEN ÄHNLICH, ABER DOCH
GANZ ANDERS. GEHE IN DER GEWISSHEIT, DASS DEINE GEDANKEN
NUR DIR GEHÖREN. DU BIST EIN ORIGINAL - UNVERWECHSELBAR
UND EINMALIG! NIEMAND
SPRICHT SO WIE DU! DEINE STIMME IST
EINMALIG IN DER WELT.
GEHE IN DER GEWISSHEIT, DASS NUR DEINE STIMME ZÄHLT.
DU BIST EIN ORIGINAL - UNVERWECHSELBAR UND EINMALIG!
NIEMAND HANDELT SO WIE DU! DEIN FINGERABDRUCK
UND DEINE HANDSCHRIFT SIND EINMALIG.
A GEHE IN DER GEWISSHEIT: DU BIST EIN
UNVERWECHSELBARES ORIGINAL
, GESCHENK
GOTTES!

Petra Focke/Hermann Josef Lücker

So sieht mein Fingerabdruck aus.

Schule und Freunde

Ich gehe in die Klasse  der _____ -Schule

in _____

Meine Lieblingslehrerin/
mein Lieblingslehrer heißt _____

Mein Lieblingsfach ist _____

Dieses Fach mag ich gar nicht: _____

Das sind meine Freundinnen und Freunde:

_____

Meine TAUFE

Meine Taufe war am .... in ....

in der Kirche ....

Ich wurde auf den Namen .... getauft.

Meine Taufpatin/mein Taufpate ist: ....

Mein Name bedeutet ....

Meine Namenspatronin/mein Namenspatron ist ....

Am .... habe ich Namenstag.

Liebe umgebe dich
wie Luft, die du atmest.
Fröhlichkeit bewege dich
wie Wind ein Segelschiff.
Und Vertrauen leite dich
sicher durch jeden Sturm.

Frank Hartmann

 **Meine**

Erstkommuniongruppe

In der Erstkommuniongruppe haben wir uns auf das große Fest vorbereitet.

Immer am .... haben wir uns getroffen.

Meine Erstkommuniongruppe wurde geleitet von ....

Folgende Kinder gehörten zu meiner Gruppe:

....

....

....

....

Falls deine Vorbereitungszeit ganz anders war, überklebe diese Seite einfach mit einem Blatt Papier und schreibe oder klebe auf, woran du dich gerne zurückerinnern möchtest.

Hier ist Platz für ein Foto
der Erstkommuniongruppe
oder ein anderes Andenken
an die gemeinsame Zeit.

 Meine
Erstkommunionvorbereitung

In der Vorbereitungszeit auf die Erstkommunion haben wir viel Neues erfahren. Wir haben Geschichten aus der Bibel gehört, gemeinsam gebetet und gesungen und über unseren Glauben gesprochen.

Diese Geschichte aus der Bibel gefällt mir am besten:

....

Am liebsten habe ich folgendes Lied gesungen:

....

Dieses Erlebnis während der Vorbereitungszeit war besonders schön:

....

....

....

Diese Gruppen, Angebote und Möglichkeiten in meiner Gemeinde habe ich während der Vorbereitungszeit kennengelernt:

....

....

....

....

....

....

....

Dort möchte ich nach meiner Erstkommunion gerne mitmachen:

....

....

....

....

Ich bin das Licht der Welt.
Wer an mich glaubt, für den ist
auch in Finsternis Licht.

Nach Johannes 8,12

Meine
Erstkommunionkerze

In meiner Vorbereitungszeit habe ich viele
christliche Symbole und ihre Bedeutung kennengelernt.

Auf meiner Erstkommunionkerze sind folgende Symbole zu sehen:

....

....

Dieses Symbol gefällt mir am besten:

....

So sieht meine
Erstkommunionkerze aus.
Hier ist Platz für ein Bild – egal
ob fotografiert oder gezeichnet.

Der
Gottesdienst

Der Tag meiner Erstkommunion war ein ganz besonderer
Festtag. Familie, Verwandte, Freundeund Freundinnen
und die ganze Gemeinde haben mit mir und den anderen
Erstkommunionkindern den Gottesdienst gefeiert.

Der Gottesdienst fand am .... um .... Uhr

in der Kirche ....

in .... statt.

Gehalten hat den Festgottesdienst Pfarrer ....

Besonders toll fand ich: ....

....

Herzklopfen hatte ich, als ....

....

Hier ist Platz für das
Liedblatt oder ein
anderes Andenken an
den Gottesdienst.

Das Vaterunser

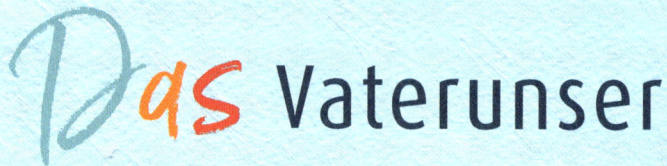

Vater unser im Himmel,
geheiligt werde dein Name.
Dein Reich komme.
Dein Wille geschehe, wie im Himmel so auf Erden.
Unser tägliches Brot gib uns heute.
Und vergib uns unsere Schuld,
wie auch wir vergeben unsern Schuldigern.
Und führe uns nicht in Versuchung,
sondern erlöse uns von dem Bösen.
Denn dein ist das Reich und die Kraft
und die Herrlichkeit in Ewigkeit.
Amen.

Brot und Wein
schenkt Jesus mir.
Liebe und Segen sind
sein Geschenk an mich.
Ich darf sie annehmen.
Mit offenen Händen
und einem offenen Herzen.

Kerstin und Marcus C. Leitschuh

Mein Festtag

Nach dem festlichen Gottesdienst haben viele liebe Menschen den großen Tag mit mir gefeiert.

Das waren meine Gäste:

....

....

....

....

Hier haben wir gefeiert:

Der schönste
Moment war:

....

....

....

....

....

Hier ist Platz für
die Menükarte oder
das Tischkärtchen.

Das wünschen mir

meine Familie,
meine Patin/mein Pate
und meine Gäste zu
meiner Erstkommunion:

Egal, welchen Weg du gehst
und was er dir abverlangt
– es ist dein Weg!
Geh ihn mutig, achtsam und in Liebe.
Und im Vertrauen auf deinen Gott.

Frank Hartmann

Hier ist Platz für Fotos und Erinnerungen an den großen Tag.

Hier ist noch mehr Platz für Fotos und Erinnerungen.

Hier ist noch mehr Platz für Fotos und Erinnerungen.

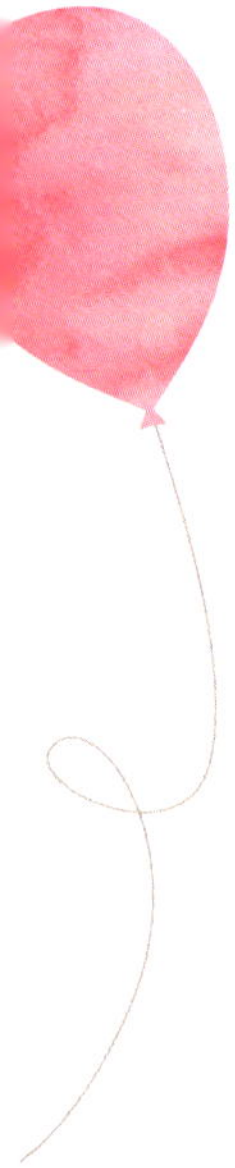

Meine Geschenke

Zu meiner Erstkommunion habe ich schöne Geschenke bekommen.

Das sind alle meine Geschenke:

....

....

....

Am meisten gefreut habe ich mich über:

....

....

So habe ich mich für die Geschenke und Glückwünsche zu meiner Erstkommunion bedankt:

Hier ist Platz für die
Danksagungskarte,
Anzeige oder ...

Heute könnte ich platzen
vor Freude,
lieber Gott.
Heute stimmt einfach alles.
Danke, lieber Gott,
für all das Gute,
das du mir schenkst.
Amen.

Julia Knop

Dafür möchte ich Gott Danke sagen:

....

....

....

Quellenverzeichnis

Petra Focke/Hermann Josef Lücker, Du bist das Original, aus: Feuer und Flamme. Gebete junger Menschen
© Verlag Herder GmbH, Freiburg im Breisgau 2011.

Frank Hartmann,
Egal, welchen Weg du gehst, aus: Zur Konfirmation
© Verlag Herder GmbH, Freiburg im Breisgau 2014.

Frank Hartmann,
Gott, der fantasievolle Erfinder des Lebens, aus: Zur Konfirmation
© Verlag Herder GmbH, Freiburg im Breisgau 2014.

Frank Hartmann,
Liebe umgebe dich wie Luft, die du atmest, aus: Viel Glück und viel Segen zur Erstkommunion
© Verlag Herder GmbH, Freiburg im Breisgau 2016.

Julia Knop,
Heute könnte ich platzen, aus: Fröhlich oder traurig – Du bist bei mir, lieber Gott. Kindergebete für jeden Anlass
© Verlag Herder GmbH, Freiburg im Breisgau 2012.

Kerstin und Marcus C. Leitschuh, Brot und Wein, aus: Meine Erstkommunion. Gebete von Kindern für Kinder
© Verlag Herder GmbH, Freiburg im Breisgau 2016.

© Verlag Herder GmbH, Freiburg im Breisgau 2025
Alle Rechte vorbehalten
www.herder.de

Gesamtgestaltung: Irmi Riedl, Dresden
Druck: Neografia a.s., Martin
Printed in Slovakia

Gedruckt auf umweltfreundlichem, chlorfrei gebleichtem Papier

ISBN 978-3-451-71746-8